从汉字到大语文

主编：陈瑞

第四册

文化发展出版社
Cultural Development Press

中国·北京

目录

五十六

分得两块数量大

duō

多

基本汉字中的第 56 个字

甲骨文 1

甲骨文 2

金文 1

金文 2

篆书

隶书

楷书

“多乎哉，不多也！”是鲁迅小说《孔乙己》中主人公的口头禅，其中的多是一个会意字，读作 duō。甲骨文的字形由两块“ ”（肉）组成，表示重叠的意思。古代祭祀结束后，都会把用来祭祀的肉分给相关人员，能分到两块，当然就会比分到一块的多。本义是多，数量大，与“少”相对，如多姿多彩。“多行不义必自毙”是一句俗语，说的是做多了坏事，最后就会自取灭亡。“明日复明日，明日何其多”（明·钱鹤滩《明日歌》）中的“多”就当数量大讲。

江南春

［唐］杜牧

千里莺啼绿映红，水村山郭酒旗风。

南朝四百八十寺，多少楼台烟雨中。

【作者】杜牧，字牧之，晚唐杰出诗人。他写有不少感慨时事、抒写性情的好诗。在作品中，他关怀国家人民的命运，指责统治者的荒淫无度。后人称他为“小杜”，以别于杜甫。

【译文】江南处处莺啼燕鸣，绿树红花相映衬；水乡的村庄和傍山的城郭里，酒旗随风飘扬。南朝建造的那么多寺庙，如今又有多少还存于这江南烟雨之中呢。

【鉴赏】这是一首著名的写景绝句。诗人用简洁的几笔描绘出千里江南花红柳绿、烟雨迷蒙的迷人景色。那散落在烟雨中的众多古老的寺院又给人一种深厚的历史感，让人不禁联想到南朝统治者剥削劳苦百姓建造寺院的行为，有着深刻的寓意。

前两句写了七件事物：黄莺、绿叶、红花、水村、山城、酒旗、春风。这七件事物构成了一幅色彩斑斓（lán）的“江南春”画卷。画面上黄莺歌唱，绿叶衬托着红花；水村和山城中酒旗迎风飘舞，随处可见。红与绿、晴与雨、山与水、村与城、声与色、动与静，互相衬托，把江南春景淋漓尽致地展现出来。

后两句写江南春雨的景象：南朝遗留下来的许许多多寺庙，全都笼罩在迷蒙的春雨之中。这里描写的虽是春日里的江南雨景，却表达了讽刺南朝统治者的意思：虽然佛寺仍然存在，但是当初建造它们的那些统治者又去了哪里呢？

多可以引申为超出原有的，如多嘴、多心、多此一举。也可以引申为具有很多，如多才多艺、好事多磨。也用来指剩余，零头，如多余、多出来一百元钱。

多还可以用作副词，用在否定句中，表示程度高，相当于很，如没用多久、没走多远。

成语园

多

duō cǐ yì jǔ
多此一举
这个举动是多余的。

duō cái duō yì
多才多艺
拥有相当多的才能和技艺。泛指具有多方面的才能。

duō zī duō cǎi
多姿多彩
形容颜色、形态多种多样。

duō zhǒng duō yàng
多种多样
各种各样的。

jī shǎo chéng duō
积少成多
一点点地积累，就会从少到多，逐渐丰富起来。

fēng fù duō cǎi
丰富多彩
形容数量大、种类多，色彩斑斓。也指作品内容充实、鲜明生动。

jiàn duō shí guǎng
见多识广
见过的多，知道的广。形容见识广博。

shǎo jiàn duō guài
少见多怪
见识少，遇到稍不常见的事物就觉得很奇怪。

“多多益善”说的是西汉大将韩信的故事。

刘邦称帝后，封韩信为楚王。刘邦接到密报说韩信准备谋反。于是，刘邦设计逮捕了韩信，把他押回洛阳贬为淮阴侯。有一天，刘邦把韩信召进宫中问道：“依你看来，我能统领多少兵马？”韩信回答说：“陛下能带的兵马不超过十万。”刘邦又问：“那你呢？”韩信自信地说：“对我来说，当然是越多越好。”刘邦笑着说：“你带兵多多益善，怎么会被我捉住呢？”韩信说：“陛下虽然不能带兵，但擅长领将（jiàng），这正是我被您所擒的原因。”刘邦见韩信被降为淮阴侯后仍然如此心高气傲，心中越发猜忌。后来，在吕后的设计下杀死了韩信。

“多多益善”原指带兵越多越能办成事情。后泛指越多越好。

五十七

囟门未合是小孩

ér

儿

基本汉字中的第 57 个字

甲骨文 1

甲骨文 2

金文 1

金文 2

篆书

隶书

楷书

《两小儿辩日》中的儿是一个象形字，读作 ér，繁体写作兒。甲骨文的字形像一个面朝左站立的大头娃娃的形状，上面突出的部分像一个娃娃的囟（xìn）门还没有完全长在一起的样子。在大头的下面，向左下方伸展的一笔像娃娃的手臂，右边弯曲的一笔代表娃娃的身子和腿。本义为婴儿，如少儿、儿歌。“最喜小儿亡赖，溪头卧剥莲蓬”（宋·辛弃疾《清平乐·村居》），形象地描写了小儿子天真顽皮的形象，这里的“儿”指的是幼儿。

儿也指父母对子女的称呼，如妻儿老小。后特指男孩子、儿子，如儿女成群，生儿育女，儿不嫌母丑。“三更灯火五更鸡，正是男儿读书时”（唐·颜真卿《劝学》）真诚地劝告男孩子要抓紧时间，读书学习。

夜书所见

［宋］叶绍翁

萧萧梧叶送寒声，江上秋风动客情。

知有儿童挑促织，夜深篱落一灯明。

【作者】叶绍翁，生卒年不详，字嗣（sì）宗，南宋诗人。他是南宋江湖派诗人之一，诗多写江湖田园风光，其作品收在《靖逸小集》里。

【译文】瑟瑟的秋风吹动梧桐树叶，送来阵阵寒意；江上吹来阵阵秋风，使出门在外的游子不禁思念起自己的家乡。夜深了，篱笆旁边挂着一盏明灯，几个小孩子还在兴致勃勃地捕捉蟋蟀。

【鉴赏】这首诗是南宋诗人叶绍翁客居异乡，在夜深人静时无法入眠，有感于季节变换和景物变化，触景生情而作。这首诗情思婉转，抒发了诗人的羁旅之愁和思乡之情。

一、二句写景：萧萧的秋风吹动着梧桐树叶，送来阵阵寒意；江上吹来的秋风令我想起了家乡。萧萧的风声衬托出秋夜的宁静，渲染了环境的幽静和清冷，烘托了游子漂泊在外、孤单寂寞之感。

三、四句是倒装句，与一、二句相比，场景发生了变化，由户内转到户外：深夜，远处篱笆下亮着一盏灯火，应该是孩子们在捉蟋蟀。表面上看，后两句似乎与“思乡”无关；其实是诗人通过对这一场景的描写，勾起自己对童年生活的回忆。孩子无忧无虑地嬉（xī）戏和诗人的寂寞思乡形成鲜明对比，更加衬托出诗人客居异乡的寂寞和忧愁。

博士喵
赏古诗

博士喵
敲黑板

在过去，“儿童”指的是未成年的男女。“儿童相见不相识，笑问客从何处来”（唐·贺知章《回乡偶书》）中的“儿童”指的是未成年的男女小孩子。

“儿”“女”也可以连用，指儿子和女儿，如儿女成群。“遥怜小儿女，未解忆长安”（唐·杜甫《月夜》），说的是诗人杜甫独居长安，他的儿子和女儿还小，不懂得挂念远在他乡的父亲。

“婴儿”中的“儿”是“幼儿”的意思，不是词的后缀。古人称男孩子为儿，称女孩子为婴，现在两者不分，无论男女，幼儿都可以称作婴儿。

说一说加拼音成语的意思。

儿女情长（ér nǚ qíng cháng）❶→长生不老→老蚌生珠→珠联璧合（zhū lián bì hé）❷→合二为一（hé èr wéi yī）❸→一五一十→十全十美（shí quán shí měi）❹→美不胜收（měi bù shèng shōu）❺→收买人心→心花怒放（xīn huā nù fàng）❻→放虎归山（fàng hǔ guī shān）❼→山清水秀（shān qīng shuǐ xiù）❽→秀外慧中→中西结合

❶ 指青年男女情义绵长，难舍难分。
❷ 珍珠连在一起，美玉结合在一块儿。比喻优秀的人才或美好的事物聚集在一起，配合得很好。
❸ 把两者合为一个整体。
❹ 形容完美无缺。
❺ 美好的事物非常多，看不过来。
❻ 形容非常高兴。
❼ 把老虎放回山林。比喻放走已经落网的敌人，而留下后患。
❽ 形容山水明净秀丽，风景优美。

汉字乐园 与儿有关的汉字

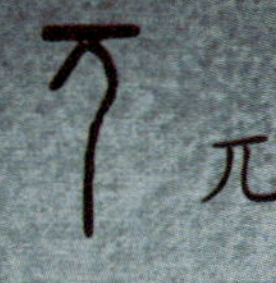

兀

甲骨文是面朝左面而侧立的一个人（ ），其头部是平的（一）。本义是人，后引申为高而上平的山。

允

甲骨文像一个人回头看的样子。本义是诚信，引申为公允。

元

甲骨文下部像一个面朝左而侧立的人（ ），最上部的一横（一）表示头部的位置。本义是头，引申为元首。

兄

金文像面朝左跪着的一个人（ ），张开口（ ）祈祷。本义是祷告，后假借为兄长。

光

金文的下部是面朝右跪着的一个人（ ），人头上有一把火（ ）在照明。本义是光明、光亮。

克

你会玩吗？

答案：甲骨文像一个头顶戴着头盔（ ）弯腰的人（ ）。本义是戴头盔的武士能够取胜。

“黄口小儿”是一个成语，由“黄口”和“小儿”两个词组成。“小儿”指的是幼儿、儿童。黄口出自于《孔子家语·六本》：“孔子见罗雀者，所得皆黄口小雀。”这里的黄口指的是小麻雀的嘴巴，因为小麻雀还没有长大，所以嘴巴的颜色是淡黄色的。隋代把不满三岁的幼儿称作黄，唐代把刚出生的婴儿称作黄。渐渐地，人们把十岁以下的儿童称作“黄口”。后来，人们把“黄口”与“小儿”连用，用来讽刺年幼无知之人，“黄口小儿初学行，唯知日月东西生”〔唐·许碏（què）《题南岳招仙观壁上》〕中用的就是这个意思。

五十八

听觉器官叫作耳

ěr

耳

基本汉字中的第 58 个字

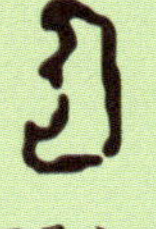
甲骨文 1

甲骨文 2

金文 1

金文 2

篆书

隶书

楷书

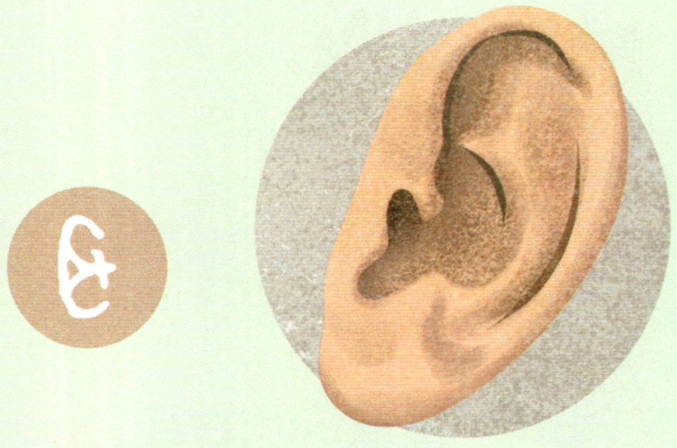

耳是一个象形字，读作 ěr。甲骨文和金文像一只耳朵的形状。本义是耳朵，如顺风耳、耳聪目明、交头接耳。“耳朵塞棉花——装聋子”是一句歇后语，指听见了假装没有听见。“文章已满行人耳，一度思卿一怆然”（唐·李忱《吊白居易》）是悼念白居易的一联诗句，意思是说，白居易的诗文很有名，众人耳熟能详，这里的“耳”就是耳朵的意思。“磨针溪，在眉州象耳山下”（明·郑之珍《铁杵磨针》），说的是这座山像耳朵的形状，所以称作象耳山。

因为耳朵是用来听的，所以可以引申为听、闻，如耳闻目睹、六十而耳顺。后来人们用“耳”比喻长得像耳朵一样的东西，如木耳、银耳等。

耳朵处于人脑的左右两边，所以位置在两旁的事物也被人称为“耳”如耳门、耳房。

耳又可以假借用作语气词，用在陈述句的末尾，表示限止，相当于而已、罢了，如想当然耳，“人生一梦耳，梦中复作梦”（宋·白玉蟾《江子有怀二首》其一）。“沛公谓张良曰：‘从此道至吾军，不过二十里耳。’”（汉·司马迁《史记·项羽本纪》），说明从这条道到驻地距离比较近而已。

把〇中的字填上，并说一说加拼音词的意思。

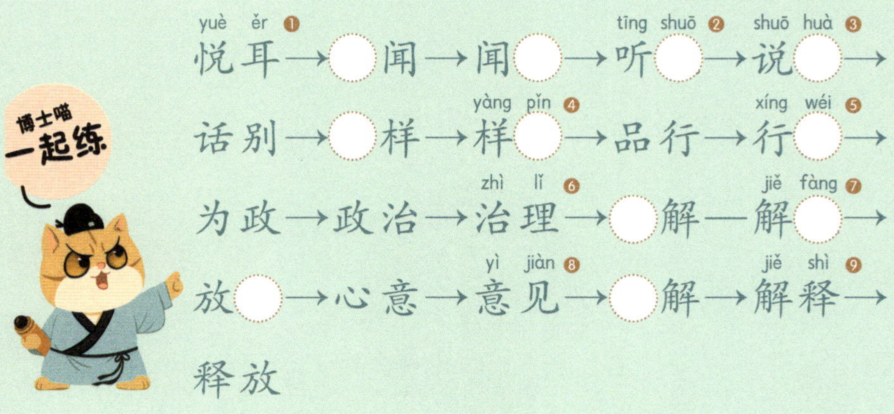

❶ 听着愉快；好听。

❷ 听人说。

❸ 用语言表达意思。

❹ 做样子的物品。

❺ 受思想支配而表现在外面的活动；有意识的行动。

❻ 统治；管理。

❼ 解除束缚，使得到自由或发展。

❽ 对事情的一定的看法或想法。

❾ 说明某事的含义、原因、理由等。

答案：耳、听、说、话、别、品、为、理、放、心、见

成语园

耳

ěr cōng mù míng
耳聪目明
形容耳力、眼力都好。

bù jué yú ěr
不绝于耳
指声音不断在耳边回响。

ěr wén mù dǔ
耳闻目睹
亲耳听到的，亲眼看见的。

ěr shú néng xiáng
耳熟能详
听得熟了，也就能详细地讲出来了。

zhèn ěr yù lóng
震耳欲聋
声音大得要把耳朵震聋了。形容声音极大。

miàn hóng ěr chì
面红耳赤
赤：红色。脸和耳朵都红了。形容情绪激动、用力或羞愧时的样子。

zhuā ěr náo sāi
抓耳挠腮
形容很着急而又想不出办法。

jiāo tóu jiē ěr
交头接耳
两个人的头靠在一起，嘴挨近耳朵。指人与人挨得很近，私下议论或说些悄悄话。

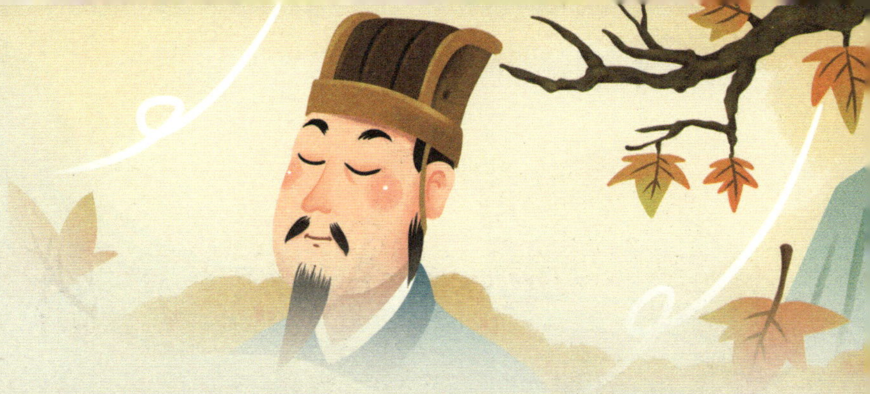

“秋风过耳”说的是春秋时期的一个故事。当时，吴王寿梦有四个儿子：长子诸樊（fán），二子余祭，三子夷昧，四子季札。季札品德仁厚，吴王想把王位传给他。吴王临终前嘱咐长子诸樊，一定要兄终弟及，这里的“兄终弟及”，就是继承王位的哥哥去世后，要把王位传给弟弟。这样一来，就可以使季札当王。吴王寿梦死后，诸樊、余祭、夷昧三兄弟相继称王。夷昧临终时要把王位传给季札，季札坚决拒绝，说：“我早就说过不要继承王位。我做人只求为人正派，品德高尚。至于荣华富贵，不过如同耳边吹过的秋风一样。”于是，季札回到了封地延陵隐居起来。

后用“秋风过耳”比喻对某件事情一点都不关心。

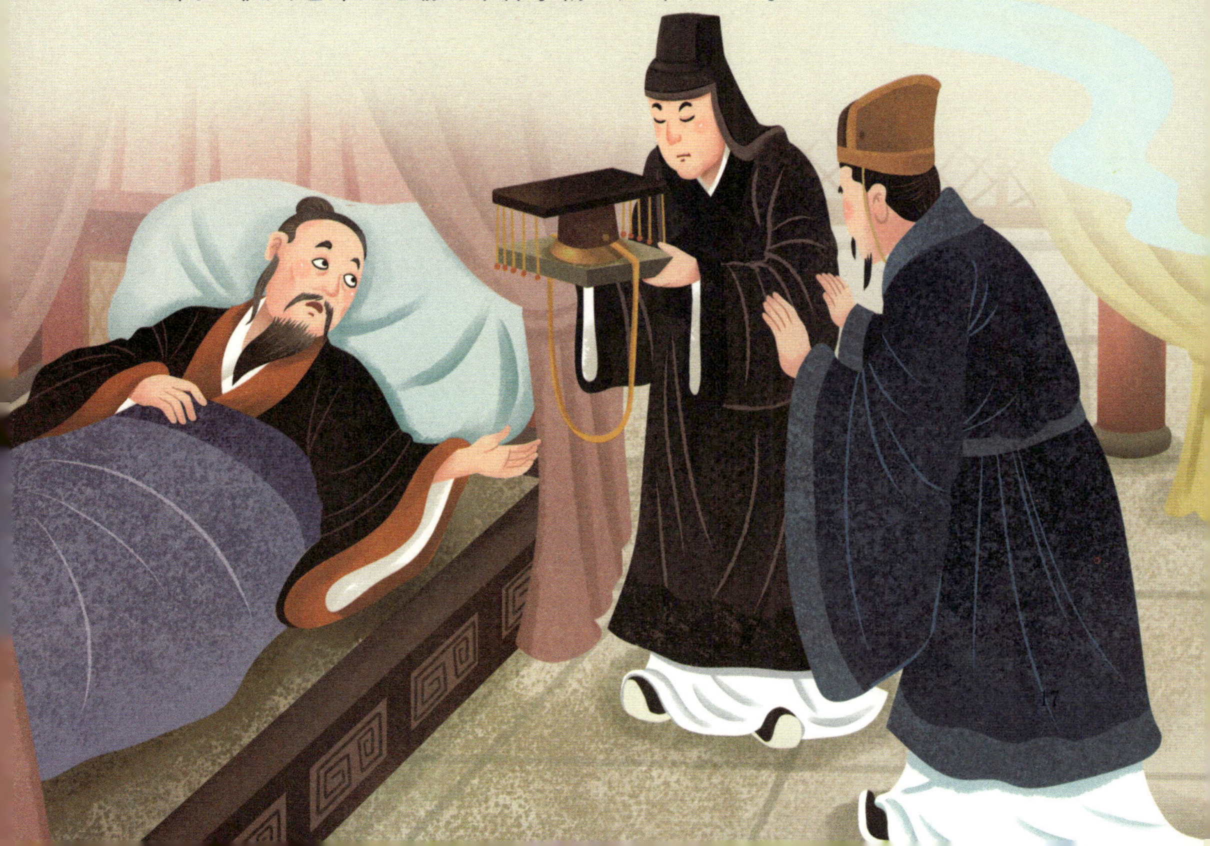

磬

甲骨文是由三个部分组成的一个字。左上部是悬挂着的“磬”的形状（ ），右边是一只右手拿着一个敲打磬的小槌（ ），这是“殸（ ）”字，也表示读音；中间有耳（ ）有口（ ），表示话音就像敲击磬的声音一样悦耳。本义是乐音。

取

甲骨文的左边是一只左耳（ ），右边是一只右手（ ），意思是手抓着一只左耳就是“取”。本义是捕获猎物或俘虏时，割取其左耳。古代以此来记功。

圣（聖）

甲骨文的上部是人的一只大耳朵（ ），左下部是一个口（ ，表示声音的来源），右下方是一个面朝右而立的人（ ）。意思是某人善于听各种声音。本义为无所不通。

汉字乐园　与耳有关的汉字

聆

小篆由耳表形，由令表声。本义是仔细听。

聋（聾）

甲骨文的右边是一条巨龙的形状，表音；左边是耳朵的形状，表义。本义是听觉不灵敏。

闻（聞）

你会玩吗？

答案：闻（聞），甲骨文像一人用手掩面（ ）倾耳（ ）听外面的响动。本义是听到。

五十九

数字一加一的和

èr

二

基本汉字中的第59个字

“二人同心，其利断金”是一句俗语，说的是只要大家一条心，就没有办不成的事情。其中的二是一个指事字，读作 èr。甲骨文、金文、小篆都是用上下两横来表示，这两横是记数的符号，本义指一加一的和，数字二，如二重唱、接二连三。“建章欢赏夕，二八尽妖妍”（唐·李世民《帝京篇》），“定陶城中是妾家，妾年二八颜如花”（唐·李昂《戚夫人楚舞歌》），这两联诗中的“二”用的就是本义。前一联中的“二八”指两列各八人的乐队，后一联中的“二八”指十六岁。

二也可以表示序数词第二，如二把手。“一男附书至，二男新战死”（唐·杜甫《石壕吏》），意思是说大儿子写的信刚收到，信中说第二个儿子战死了。“不知细叶谁裁出，二月春风似剪刀”（唐·贺知章《咏柳》），“停车坐爱枫林晚，霜叶红于二月花”（唐·杜牧《山行》），以上诗句中的“二月”指的是春季的第二个月。

成语园

二

háo wú èr zhì
毫无二致
指完全一样。

dú yī wú èr
独一无二
形容唯一的、没有与之相同的或可与之相比的。

hé èr wéi yī
合二为一
把两者合为一个整体。

jiē èr lián sān
接二连三
一个接着一个，连续不断。

sān xīn èr yì
三心二意
指心志不专一。

yī qióng èr bái
一穷二白
形容基础差，底子薄。

shǔ yī shǔ èr
数一数二
比较起来，不算第一，也算第二。形容很突出。

yī gān èr jìng
一干二净
形容一点也不剩。

shuō yī bù èr
说一不二
指说到做到，守诚信。

yī fēn wéi èr
一分为二
指全面看待人或事物，既看到积极方面，也看到消极方面。

“二桃杀三士”说的是春秋时期的事情。

当时，齐国有田开疆、公孙接、古冶子三名勇士。他们个个勇猛善战，可以徒手与老虎搏斗，深受齐景公的宠爱。但是他们恃功自傲，目空一切，齐国深受其害，于是齐景公采用晏（yàn）子的计谋准备除掉他们。齐景公派人赏赐他们三人两个桃子，让他们按照功劳大小来挑选。公孙接、田开疆认为以自己的功劳可以单独吃一个桃子，于是各自拿走一个桃子。古冶子看到后，气愤地说自己的功劳最大，提出自己也要单独吃一个桃子。

公孙接、田开疆听后说：“我们的勇敢比不上您，功劳也没有您的大，拿桃子一点也没有谦让，这就是贪婪啊！”于是二人交出桃子后刎（wěn）颈自杀。古冶子感到十分羞惭，也放下桃子，刎颈自杀了。

“二桃杀三士”比喻用计谋害人。

六十

开弓射箭读作 fā
头上长毛读作 fà

fā/fà

发

基本汉字中的第 60 个字

篆书　隶书　楷书

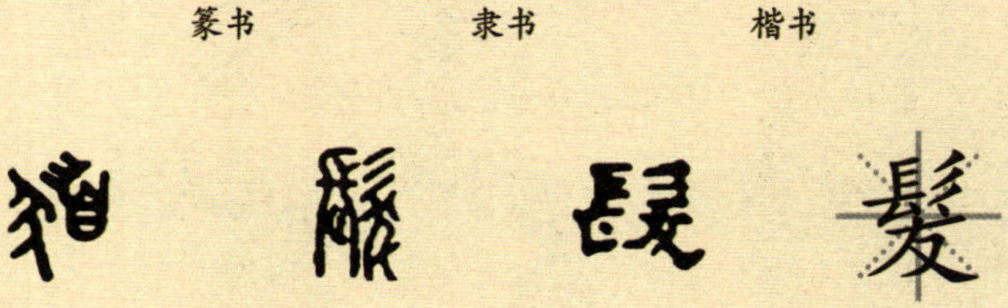

金文　篆书　隶书　楷书

發是一个形声字，读作 fā，后简化为发。本义是射箭，如发射、百发百中、引而不发。泛指发射其他东西，如发炮、发射火箭、弹无虚发。引申为出发，如兰舟催发，“复恐匆匆说不尽，行人临发又开封”（唐・张籍《秋思》）。

因为射箭需要把弓张开，由此可以引申出打开、散开、公布，如揭发、发明、散发、发布。射箭就像事物由无到有一样，从中可以引申为发出、生发，如发音、土豆发芽。“红豆生南国，春来发几枝”（唐・王维《相思》），这里的“发”指生发。

春夜喜雨

［唐］杜甫

好雨知时节，当春乃发生。随风潜入夜，润物细无声。
野径云俱黑，江船火独明。晓看红湿处，花重锦官城。

博士喵赏古诗

【译文】春雨仿佛懂得四时节气，到了春天便催发了生机。夜雨随着和煦（xù）的春风悄无声息地潜入大地，滋润着万物却没有一点儿声响。天空乌云密布，连野外的小路都看不清楚，只有江面上渔船的灯还亮着。早晨起来急忙去观赏那些花儿，却发现整个锦官城（今四川成都）的花朵都沾满露水，娇艳欲滴。

髪是一个形声字，读作 fà，后简化为发。本义是头发，如理发、千钧一发、“醉里吴音相媚好，白发谁家翁媪”（宋·辛弃疾《清平乐·村居》）。

浣溪沙

［宋］苏轼

游蕲水清泉寺，寺临兰溪，溪水西流。

山下兰芽短浸溪，松间沙路净无泥。潇潇暮雨子规啼。

谁道人生无再少？门前流水尚能西！休将白发唱黄鸡。

博士喵 赏古诗

【译文】我到蕲（qí）水的清泉寺游玩，寺庙在兰溪的旁边，溪水向西流淌。

山脚下刚抽芽的兰草短短的，浸润在溪水中。松林中的沙石小路被雨水冲洗得洁净无泥。暮春的季节里，布谷鸟在淅淅沥沥的雨中声声啼叫。谁说人生不能再重回年少（shào）时光呢？门前的流水尚能向西奔流，不要到老年时感叹时光飞逝不复返！

博士喵 画重点

需要注意的是，古代“发射”和“头发”中的“发”的写法和声调都不一样，前者是發（fā），后者是髮（fà）现在两个字的写法一样，声调不同。

把○中的字填上，并说一说加拼音词的意思。

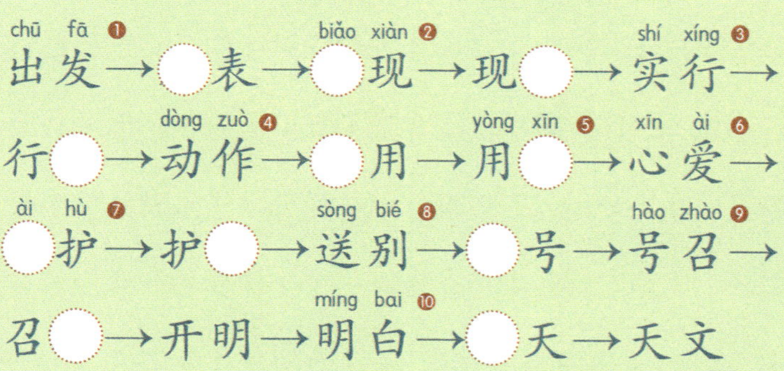

❶ 离开原来所在的地方到其他地方去。
❷ 表示出来。
❸ 用具体行动实现（纲领、政策、计划等）。
❹ 指身体的活动。
❺ 集中注意力。
❻ 打心里喜爱。
❼ 爱惜并保护。
❽ 到远行人启程的地方，和他告别。
❾ 召唤（众人做某事）。
❿ 内容、意思等使人容易了解。

答案：发、表、实、动、作、心、爱、送、别、开、白

古人认为头发和身体都授之于父母，所以对头发非常重视，从“割发代首”这个成语中可见一斑。

东汉末年，天下大乱，曹操以汉献帝的名义到处征讨各路诸侯，最后统一了北方地区。曹军的军令非常严。有一次，他率兵经过百姓的麦田，下令不准践踏麦地，否则要以砍头论处。于是官兵们小心翼翼，生怕践踏了麦子。当地百姓看到后，没有一个不称赞的。曹操骑在马上跟随着军队前进。突然，麦田里飞出的鸟儿，让他的马儿受了惊。马儿一下子蹿入麦地，踏坏了一大片麦子。曹操拔出剑来准备自杀，却被官兵挡了下来。为了严明军纪，他用剑割下自己的头发说：“我就用头发来代替我的头颅吧。”

六十一

出手扭转掉方向

fǎn

反

基本汉字中的第 61 个字

甲骨文 金文 篆书 隶书 楷书

反读作 fǎn。指用右手（又）攀上山岩（厂，hǎn）。本义是扭转，如易如反掌。“以齐王（wàng），由反手也”（《孟子·公孙丑上》），意思是说，齐国国力强盛，如果齐王能够用仁义治天下，那么取得天下就像翻转手掌一样容易。这里的“反”用的就是本义。这个意义后来写作“扳”。

泛指掉转方向，如反身、谋反、反攻倒算、物极必反。引申为颠倒、违背、背叛，如违反、造反、反作用力、官逼民反。“反先王则不义，何以为盟主”（先秦·左丘明《齐国佐不辱命》），意思是说背叛先王就会陷入不仁不义的境地，怎么能够当盟主呢。

从扭转这个义项中又可以引申出返回、重复，如反正、反思、反复计算。进而引申为反而，如相反。“信知生男恶，反是生女好”（唐·杜甫《兵车行》），说的是在战争年代，生女儿比生男儿要好。

博士喵 一起练

把〇中的字填上，并说一说加拼音词的意思。

适得其〇（shì dé qí fǎn ❶）→反躬自〇→问长问〇→

短兵相接（duǎn bīng xiāng jiē ❷）→接二连〇（jiē èr lián sān ❸）→三三两两（sān sān liǎng liǎng ❹）→

〇袖清〇→风平浪静（fēng píng làng jìng ❺）→静言令〇→

色胆包天→〇经地义→义不容辞（yì bù róng cí ❻）→

辞穷理屈→屈打成〇→招兵买马（zhāo bīng mǎi mǎ ❼）

❶ 结果和愿望正好相反。

❷ 以短兵器相交接。指作战时面对面地交手搏斗或用短兵器互相厮杀。

❸ 一个接着一个，连续不断。

❹ 三个两个聚集一处。形容为数不多。

❺ 没有风浪，很平静。比喻平静无事。

❻ 指顾全道义而不推辞。

❼ 招募士兵，购买战马。指从各方面招揽人马，扩充武装力量。

答案：反、问、短、三、两、风、色、天、招

博士喵讲故事

“反水不收”说的是王莽末年的事情。当时天下大乱，汉高祖刘邦九世孙刘秀在家乡乘势起兵。刘秀平定河北后，军力大增，各位将领商议拥立刘秀称帝。马武进言说：“如今天下无主，此时如果有圣明之主乘势而起，那么即使有人以仲尼为相，以孙子为将，恐怕也无力阻挡了。泼出去的水是收不回来的。如果大局已定，后悔也来不及了。大王虽然谦逊退让，但请以宗庙社稷为重，不如返回蓟（jì）州称帝，然后再谋划征伐之事。”刘秀听到后责怪说：“说这种话是要杀头的！”后来，有将领再次劝说刘秀称帝。刘秀见局势已经形成，于是顺水推舟，登基称帝，建立了东汉。

“反水不收”意思是倒在地上的水收不回来。比喻已成定局，无法挽回。

六十二

每天定时吃食物

fàn

饭

基本汉字中的第 62 个字

金文

篆书

隶书

楷书

“饭疏食，饮水”中的饭是一个形声字，读作 fàn，本义是吃饭。“最爱芦花经雨后，一篷烟火饭鱼船”（唐·林逋《咏秋江》），意思是说，诗人最喜欢在秋天江边雨后的芦花旁，撑一叶小舟，坐在舟上吃饭饮酒。“廉颇老矣，尚能饭否？”（宋·辛弃疾《永遇乐·京口北固亭怀古》）中，“尚能饭否”的意思是“还能不能吃饭”。在古代，作为一名带兵打仗的将军，如果不能吃饭，就说明身体衰老，很难再领兵打胜仗了。这个意义现在已经不再使用了。

牧 童

［唐］吕岩

草铺横野六七里，笛弄晚风三四声。

归来饱饭黄昏后，不脱蓑衣卧月明。

博士喵

赏古诗

【译文】青草像被谁铺开在地上一样，方圆六七里都是草地；晚风中隐约传来牧童断断续续悠扬的笛声。牧童回来吃饱了饭，已是黄昏之后了；他连蓑衣都没有脱，就躺在草地上看天空中的圆月。

后特指大米饭，如炒饭。现在常用的意义是指各种各样的饭食、吃的东西，如米饭、稀饭、粗茶淡饭。

泛指每天定时吃的食物，如中饭、晚饭、茶余饭后。“姐姐不曾吃早饭，饮一口儿汤水”（元·王实甫《长亭送别》），说的是崔莺莺因为相思成疾，以致于连早饭都没有吃。

在古代，“羹”也可以当作食物来食用，如分一杯羹。“东行西行，遇饭遇羹”（唐·佚名《沈亚之》），这里把“饭”和“羹”对举，由此说明羹也是一种食物。

把○中的字填上，并说一说加拼音词的意思。

chá yú fàn hòu ❶ hòu lái jū shàng ❷
茶余饭○→后来居上→○下○心→

xīn huā nù fàng ❸ hú guāng shān sè ❹
心花怒放→○浪○湖→湖光○色→

色艺无○→双管齐○→下笔○言→

yán xíng bù yī ❺ shì shì dài dài ❻
言行不一→○生○世→世世代代→

dài dài xiāng chuán ❼
代代相传→传诵一时

❶ 喝茶吃饭以后。泛指休息和闲暇的时间。
❷ 晚来之人却处在前面的位置上。泛指新的力量超过了原来的力量。
❸ 心里像花朵盛开。形容非常高兴。
❹ 湖上绮丽的风光，山中秀丽的景色。
❺ 说的和做的不一致。
❻ 一代一代的。
❼ 一代一代地相继流传下去。

答案：后、上、一、放、江、山、双、下、千、一、一

古语云："滴水之恩，当以涌泉相报。"韩信是汉代有名的大将，"一饭千金"讲的就是他的故事。

韩信从小父母双亡，吃了上顿没有下顿。有一天，他在淮水边钓鱼，中午没有饭可吃，一位漂丝的老大娘把自己的饭给他吃。韩信非常感激，发誓说他将来一定要报答这位大娘。大娘听后非常生气，说："我是看你可怜没有饭吃，哪里图你的报答呀！"后来，韩信在萧何的举荐下，被刘邦拜为大将，在楚汉战争中立了大功，被封为楚王。他设法找到当初那位老大娘，赠送她千金作为报答。

六十三

相并合的两条船

fāng

方

基本汉字中的第 63 个字

甲骨文 1　　甲骨文 2　　甲骨文 3

金文　　篆书　　隶书

楷书

方是一个象形字，读作 fāng。甲骨文像两条船的头部并在一起的样子，甲骨文加上“水”旁后成为形声兼会意字，表示相并的两条船在水上行驶。本义是相并的两条船，如方舟。“江之永矣，不可方思”（《诗经·汉广》），意思是说，江水汹涌澎湃，不能乘坐在竹木筏子上渡过去，这里的“方”就是用竹木编成的筏子。引申为并、并排，如并列、齐头并进。“蜀汉之粟，方船而下”（《史记·郦生陆贾列传》），说的是蜀地的粮食，通过水上齐头并进的船儿运输，这里的“方”当并排、并列讲。

后来方假借指方形的东西，如天圆地方。“半亩方塘一鉴开，天光云影共徘徊”（宋·朱熹《观书有感》），“纸屏石枕竹方床，手倦抛书午梦长”（宋·蔡确《夏日登车盖亭》），“方塘”指的是方形的池塘，“方床”指的是方形的床。

因为方形有四个方向，从中可以引申出方向的意思，如东方、方位。“大风起兮云飞扬，安得猛士兮守四方”（汉·刘邦《大风歌》）。也可以指一方、一边或一面，如对方、方方面面。

方又可以用作副词，相当于正当、正好，如血气方刚、方兴未艾。“水光潋滟晴方好，山色空蒙雨亦奇”（宋·苏轼《饮湖上初晴后雨》），说的是西湖无论雨天还是晴天，那里的风光都是最好的。

什么是“四面八方”？

四面八方是一个成语，读作 sì miàn bā fāng。“四面”指的是“东西南北”四个方向，“八方”指的是“东、西、南、北、东南、西南、西北、东北”八个方向，后泛指各处或各个方面。

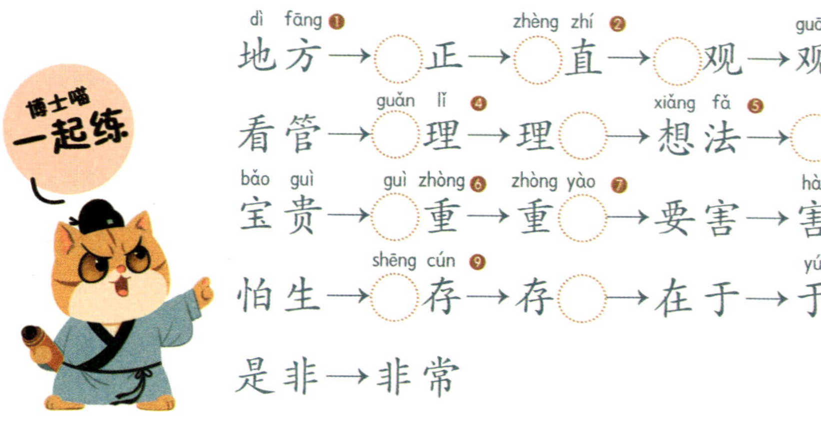

把○中的字填上，并说一说加拼音词的意思。

地方（dì fāng ❶）→○正→○直（zhèng zhí ❷）→○观→观○（guān kàn ❸）→

看管→○理（guǎn lǐ ❹）→理○→想法（xiǎng fǎ ❺）→○宝→

宝贵（bǎo guì）→○重（guì zhòng ❻）→重○（zhòng yào ❼）→要害→害○（hài pà ❽）→

怕生→○存（shēng cún ❾）→存○→在于→于○（yú shì ❿）→

是非→非常

❶ 本地，当地。
❷ 公正，直率。
❸ 特意地看；参观。
❹ 保管和料理。
❺ 思索所得的结果；意见。
❻ 极有价值；非常难得。
❼ 具有重大意义、作用和影响的。
❽ 感到胆怯、不安或发慌。
❾ 保存生命。
❿ 连词，表示后一事紧接着前一事。

答案：方、正、直、看、管、想、法、贵、要、怕、生、在、是

“方寸”是一个词语故事。

东汉末年，群雄割据，连年混战。刘备是当时新兴势力之一，因为力量薄弱，只好暂时投靠荆州的刘表，屯兵新野。曹操的大将曹仁、副将李典想趁机带兵消灭刘备。刘备在谋士徐庶的策划下，打败了曹军。曹操听说徐庶后，就想让徐庶为他所用。于是有人建议把徐庶的母亲捉来，让他母亲写信给徐庶。徐庶收到家书后，泪流满面地向刘备辞别：“臣本想和将军一起共同成就一番事业。如今老母被曹操关押，臣方寸已乱。”于是刘备设宴为徐庶送行，徐庶被刘备的诚心所感动，向他推荐了隆中的诸葛亮。

后用“方寸”指一寸见方的心部，内心。

六十四

手持鞭子驱罪人

fàng

放

基本汉字中的第 64 个字

篆书　隶书　楷书

清代高鼎的《村居》形象地描绘了春天乡村儿童的天真烂漫，“儿童散学归来早，忙趁东风放纸鸢”中的**放**是一个形声字，读作fàng。本义是驱逐，把有罪的人驱逐到边远的地方，如放逐、流放。“屈原既放，游于江潭”（先秦·佚名《渔父》），意思是楚王把屈原流放后，他在江潭各地游历。

从放逐中引申出舍弃、废弃，如放弃不健康的生活方式。舍弃就意味着放下、放出、放开，如存放、释放、心花怒放、有的放矢。“放虎容易擒虎难”是一句俗语，说的是放走敌人容易，再想捉住就难了。“至则无用，放之山下”（唐·柳宗元《黔之驴》）、“咬定青山不放松，立根原在破岩中”（清·郑燮《竹石》）中的“放”都是放开的意思。

丁 香

［唐］陆龟蒙

江上悠悠人不问，十年云外醉中身。

殷勤解却丁香结，纵**放**繁枝散诞春。

【译文】我独自生活在悠远的大江之上没有人关注，十几年自我欣赏自我陶醉而已。如果谁能够发现并且解开丁香中心的那个结，丁香必然放纵地释放自己的情怀香飘万里。

后引申为花骨朵开了、（花苞）开放，如含苞欲放、百花齐放。“何处花先放？向南三两村”（清·钱澄之《梅花》），意思是说，向南的两三个村子的花儿先开放。

博士喵一起练

把○中的字填上，并说一说加拼音成语的意思。

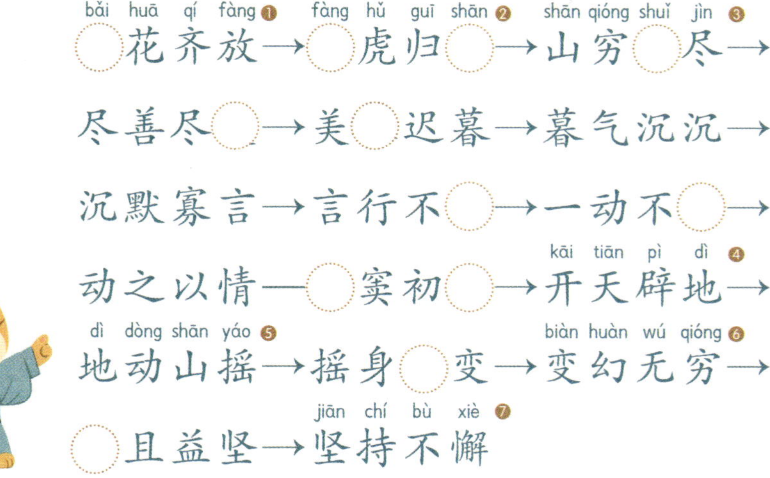

❶ 各种颜色的花朵一起开放。

❷ 把老虎放回山林。比喻放走已经落网的敌人，而留下后患。

❸ 山和水都到了尽头，再没路可走。比喻走投无路，陷入绝境。

❹ 形容前所未有的。

❺ 大地颤动，山河摇摆。形容声势浩大或斗争激烈。

❻ 形容变化多端，没有穷尽。

❼ 坚持下去，毫不懈怠。

答案：百、放、山、水、美、人、一、动、情、开、一、穷

词语园

放

jiě fàng
解放
推翻反动统治，特指我国1949年推翻国民党统治。

rán fàng
燃放
点着爆竹等使爆发。

fā fàng
发放
（政府、机构）把钱或物资发给需要的人。

fàng zhì
放置
使物件处于一定的位置；安放。

bō fàng
播放
通过广播放送。

fàng jià
放假
在规定的日期停止工作或学习。

kāi fàng
开放
展开。

fàng shào
放哨
站岗或巡逻。

cún fàng
存放
储存；寄放。

fàng xué
放学
学校里上午或下午课业完毕，让学生回家。也指学校放假。

tíng fàng
停放
放置（车辆等）。

fàng qì
放弃
丢掉；不保持或不保留（原有的权利、主张、意见等）。

“放生”是《韩非子》里面的一个小故事。孟孙打猎的时候，捉到一只小鹿，他让手下秦西带回家。秦西看到母鹿一直跟在小鹿的后面，非常伤悲，于是就自作主张放了小鹿。孟孙问秦西为什么要这样做，他回答说：“我看到母鹿在后面哭哭啼啼，所以动了恻（cè）隐之心，就放了它。”孟孙于是聘请秦西做他儿子的老师。因为孟孙想，秦西对动物都这么仁慈，对人就更不用说了。

六十五

鸟在空中的活动

fēi

基本汉字中的第 65 个字

飛

篆书

飛

隶书

楷书

《木兰诗》是中国文学史上的一颗明珠，“万里赴戎机，关山度若飞”中的飞是一个象形字，读作 fēi，繁体写作飛。繁体“飛”的下面像鸟儿展开的一双翅膀，上面像鸟儿的头。本义是飞翔，如飞鸟、笨鸟先飞。“日长篱落无人过，惟有蜻蜓蛱蝶飞”（宋·范成大《四时田园杂兴》其二十五），形象地描写了农忙时节，村庄寂静无人，只有蜻蜓、蝴蝶飞来飞去的景象。

绝 句

［唐］杜甫

迟日江山丽，春风花草香。
泥融飞燕子，沙暖睡鸳鸯。

【作者】杜甫，字子美，自号少陵野老，唐代伟大的现实主义诗人。他生活在唐王朝由盛转衰的时代，他的诗歌创作真实地反映了当时的时代面貌。他的诗风沉郁顿挫，格律严谨而富于变化，是唐代诗歌艺术的集大成者，后世尊他为“诗圣”，称其诗为“诗史”。

【译文】大好河山在春日里显得更加美丽，春风送来阵阵花草的香气。大地回春，泥土解冻，燕子飞回，鸳鸯一对对静卧在暖融融的沙洲边。

【鉴赏】诗人用自然流畅的语言，描绘了一幅生机盎（àng）然的春日图景，抒发了诗人对大自然的无限热爱之情，表现了诗人在经历过漂泊生活的磨难后，向往安宁的田园生活的心情。

前两句描写了在初春阳光的照耀下，江山更显秀丽绚烂。“迟日”就是春日，“丽”字表现出初春阳光普照、山清水秀的明丽景色。接着，诗人由视觉写到嗅觉：春风徐来，花草的缕缕幽香也扑鼻而来。这两句诗从大处着笔，描绘出一幅春光明媚、山花烂漫、绿草如茵的迷人画卷。

后两句生动地刻画了眼前所见的动态景物。春天万物复苏，燕子从南方飞回来，正忙着衔泥筑巢；沙滩被阳光晒得暖融融的，一对对鸳鸯正懒洋洋地睡在那里晒太阳。燕子的“飞”与鸳鸯的“睡”，一动一静，互相映衬，把一幅温馨和谐的画卷展现在读者眼前。

博士喵
赏古诗

泛指用翅膀在空中往来的活动，如飞龙在天、飞蛾扑火。“儿童急走追黄蝶，飞入菜花无处寻”（宋·杨万里《宿新市徐公店》），说的是蝴蝶飞到菜花中找不到了。

后来，凡是物体在空中飘荡或行动都可以称作飞，如飞船、飞机、飞行、飞絮、飞沙走石。“白雪却嫌春色晚，故穿庭树作飞花”（唐·韩愈《春雪》），诗人寥寥数语，就描绘出春雪就像飞动的花朵一样美丽动人的姿态。飞翔的速度非常快，从中可以引申为迅速，用作形容词，如飞奔。“飞流直下三千尺，疑是银河落九天”（唐·李白《望庐山瀑布》）形象生动地描写了瀑布流下的速度之快。

把○中的字填上，并说一说加拼音词的意思。

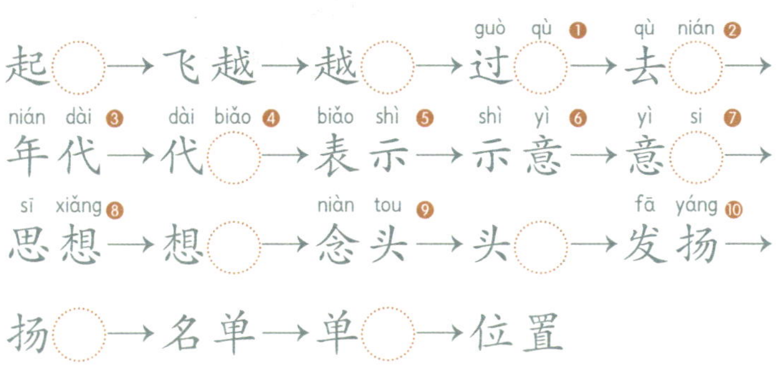

❶ 现在以前的时期；从前。
❷ 今年的前一年。
❸ 时代。
❹ 选举出来替选举人办事或表达意见的人。
❺ 用言语行为显出某种思想、感情、态度等。
❻ 用表情、动作、含蓄的话或图表表示意思。
❼ 语言文字的意义；思想内容。
❽ 客观存在反映在人的意识中经过思维活动而产生的结果。
❾ 心里的打算。
❿ 发展和提倡（优良作风、传统等）。

答案：飞、过、去、年、表、思、念、发、名、位

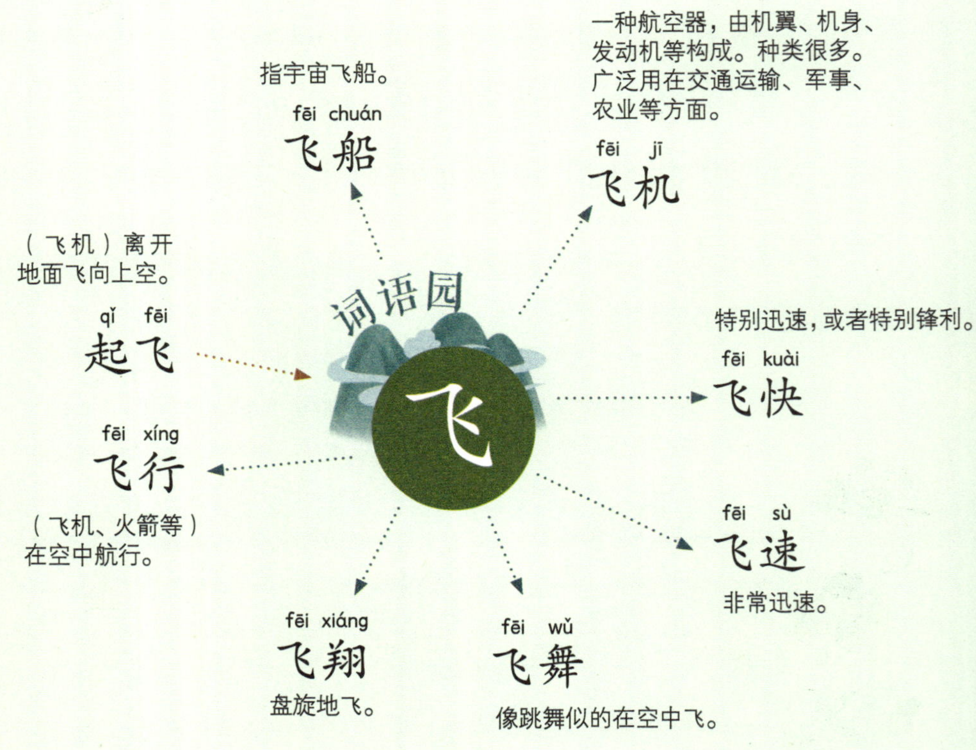

飞和灰

风吹灰堆灰乱飞，

灰飞花上花堆灰。

风吹花灰灰飞去，

灰在风里灰又飞。

训练目的：韵母 ui，ei

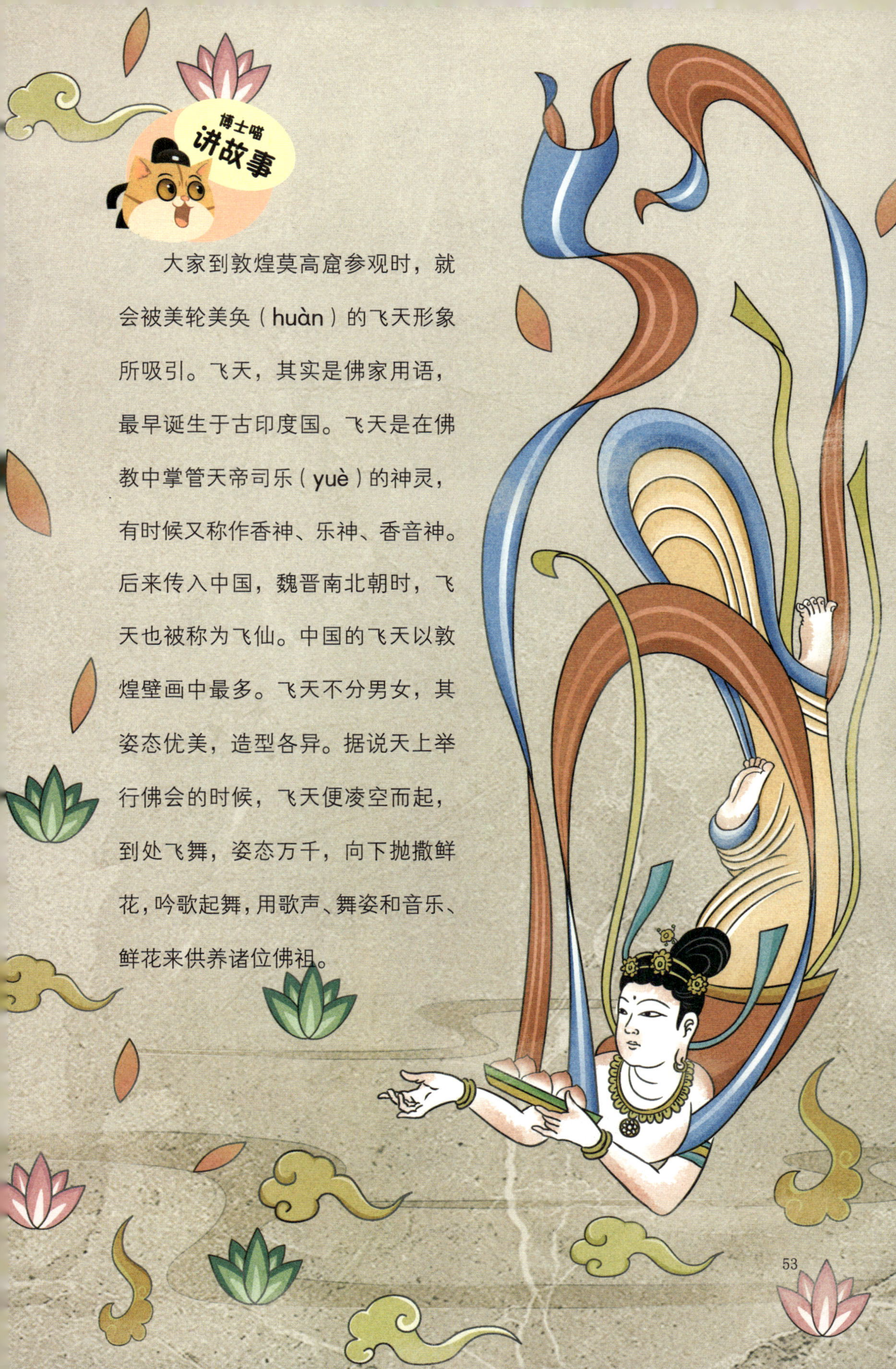

大家到敦煌莫高窟参观时，就会被美轮美奂（huàn）的飞天形象所吸引。飞天，其实是佛家用语，最早诞生于古印度国。飞天是在佛教中掌管天帝司乐（yuè）的神灵，有时候又称作香神、乐神、香音神。后来传入中国，魏晋南北朝时，飞天也被称为飞仙。中国的飞天以敦煌壁画中最多。飞天不分男女，其姿态优美，造型各异。据说天上举行佛会的时候，飞天便凌空而起，到处飞舞，姿态万千，向下抛撒鲜花，吟歌起舞，用歌声、舞姿和音乐、鲜花来供养诸位佛祖。

秋天来到了，鸟（）儿聚集（）在树干（）上。燕（）子向南飞（），喜鹊喳喳叫（），乌（金文）鸦呱呱叫，孔雀（）打开美丽的羽（）毛（）。

汉字画
燕子向南飞

六十六

用刀割开一变二

fēn/fèn

基本汉字中的第 66 个字

甲骨文　金文　篆书　隶书　楷书

分由“八”和“刀”组成，表示用刀来切一个物体使之分开的意思。本义是分割、分开，读作 fēn，如分解、分门别类、一分为二。

分开后就容易区别开来，如区分、分辨。把不同的事物区分后就容易弄明白，如分晓、分明。“五谷不分，孰为夫子！”（《论语·微子》），说的是连五谷都分不清楚，哪里还能当老师呢！

分也可以用作量词，表示时间单位，1 分等于 60 秒。分也可以用作中国和其他一些国家的货币单位，如人民币 1 角等于 10 分。分还可以用来表示分数，如分母、约分、二分之一。

分还指构成事物的各种不同的因素，如盐分、养分。还可以指职责、权利等的限度，如本分、恰如其分。表示这两个意义时，分读作 fèn。

雪 梅（其一）

［宋］卢钺

梅雪争春未肯降，骚人阁笔费评章。

梅须逊雪三分白，雪却输梅一段香。

【作者】卢钺（yuè），别名卢梅坡，生卒年不详，宋朝末年人。他存世的诗作不多，以两首《雪梅》最为有名。

【译文】梅花和雪花都认为自己占尽春色，都不肯服输；诗人们也放下笔，难以评判谁输谁赢。梅花在洁白上虽然稍逊雪花三分，但是雪花却在清香上输给了梅花。

【鉴赏】古诗文中常有雪和梅这两种意象，它们象征冬去春来，是春天的使者。这首诗独辟蹊（qī）径，富有韵味。诗的前两句运用拟人的手法，生动形象地描写雪和梅之间为了争春要一比输赢，谁也不服谁。诗人本来觉得很好评判，结果发现并不容易，只好停下笔思索。

后两句运用对比，分别写出雪和梅的优缺点：从色彩上来说，梅不如雪洁白；从味道上来说，雪没有梅的清香。“三分”形容相差不多，“一段”将香气具体化，让人觉得香气也可以测量。诗中借雪和梅争春，既有情趣，也有理趣，阐

释了一个道理：任何事物都各有长处和短处，要认识到自己的不足，学会取长补短。

博士喵 一起练

把○中的字填上，并说一说加拼音成语的意思。

qià rú qí fèn ❶ 恰如其分→○秒必争 fēn miǎo bì zhēng ❷→争○恐○ zhēng xiān kǒng hòu ❸→

后发制○→人○人○ rén shān rén hǎi ❹→海底捞○→

针锋相○ zhēn fēng xiāng duì ❺→对答○流 duì dá rú liú ❻→流○蜚○→

语近旨○→远走高飞 yuǎn zǒu gāo fēi ❼→○沙○石 fēi shā zǒu shí ❽→

石破○惊→惊○动○ jīng tiān dòng dì ❾→地○物博

❶ 指说话、办事恰当稳妥。
❷ 一分一秒的时间也一定要争取。形容充分利用时间。
❸ 争着向前，唯恐落在别人后面。形容做事积极。
❹ 形容人聚集得非常多。
❺ 针尖与针尖相对。比喻双方的观点或言行等尖锐地对立。
❻ 形容答话敏捷、流畅。
❼ 比喻到很远的地方去。也比喻为摆脱困境，到外地寻找出路。
❽ 沙子飞扬，小石块滚动。形容风力迅猛。
❾ 声音特别响亮。形容声势浩大。

答案：分、先、后、人、山、海、针、对、如、言、语、远、飞、
走、天、天、地、大

指构成事物的各种不同
的物质或因素。
chéng fèn
成分
足够（多用于抽象事物）。
chōng fèn
充分
分散精力；不专心。
fēn xīn
分心
超过一定的程度或限度。
guò fèn
过分
散布（在一定的地区内）。
fēn bù
分布
把整体分成几部分。
huà fēn
划分
fēn fā
分发
一个个地发给。
词语园
分
shí fēn
很。十分
fēn bié
分别 离别。
qū fēn
区分
区别；分别。
fēn shǒu
分手
别离；分开。
wàn fēn
万分
非常；极其。
fēn tóu
分头
若干人分几个方面（进行
工作）。
shuǐ fèn
水分
物体内所含的水。
fēn pèi
分配
按一定的标准或规定分
（东西）。

博士喵讲故事

"分庭抗礼"是《庄子》里的一则寓言故事。

有一天，孔子在杏坛鼓琴。一位渔夫听到后说："恐怕是危忘真性，偏行仁爱呀。"子贡把渔夫的话报告给孔子，孔子马上追到河边，向渔夫请教。渔夫说："所谓真，就是精诚所至，不精不诚，就不能动人。"孔子分庭抗礼，谦卑地对渔夫说："我请求做您的学生。"渔夫并没有理会孔子，撑着船走了。子路不解地问孔子："先生，我为您驾车已经很长时间了，还没有见过您如此对待过别人。"孔子回答道："遇到年长的人不敬是失礼的表现，遇到贤人不尊是不仁的表现，不仁不爱是造成灾祸的原因。这位渔夫是懂得道理的贤人，我怎能不尊敬他呢？"

"分庭抗礼"指主人与客人分立两侧，以平等礼节相见。后指双方地位或实力相当，平起平坐或相互抗衡。

六十七

凤拍翅膀气流动

fēng

基本汉字中的第 63 个字

甲骨文 1

甲骨文 2

篆书

隶书

楷书

风读作 fēng。甲骨文 像一只长着高高的冠子、拖着长长尾巴的凤鸟。有的甲骨文 增加了表示读音的“凡”字。相传因为凤鸟扇动翅膀而产生了风，于是人们就用“凤”来指代看不见摸不着的风。风本义是一种空气流动现象，如台风、风雨交加、兴风作浪。“风吹墙头草——东吹西倒西吹东倒”是一句歇后语，比喻人没有主意。“天苍苍，野茫茫，风吹草低见牛羊”（北朝民歌《敕勒歌》），“夜来风雨声，花落知多少”（唐·孟浩然《春晓》），“羌笛何须怨杨柳，春风不度玉门关”（唐·王之涣《凉州词》），以上诗句中的“风”用的都是本义。“云母屏风烛影深，长河渐落晓星沉”（唐·李商隐《嫦娥》），这里的“屏风”指的是中国传统建筑中用来遮风、美化、分隔等作用的家具。

风比喻像风一样容易流传的习俗、事物，如民风民俗、有伤风化、风土人情。“箫鼓追随春社近，衣冠简朴古风存”（宋·陆游《游山西村》），这里的“古风”指的是古代遗留下来淳朴的风俗习惯。

“风雅”是一个词语。这里的“风”指的是《诗经》里的十五国风，是春秋战国时期十五个诸侯国的民歌；“雅”指的是《诗经》里的由贵族创作的、在宫廷朝会或饮宴时演奏的音乐。后来，用“风雅”泛指诗词歌赋方面的作品。

风可以引申指景色、景象，如风景、风貌。“塞下秋来风景异，衡阳雁去无留意”（宋·范仲淹《渔家傲·秋思》），描写了秋天塞外与众不同的风景。

忆江南

［唐］白居易

江南好，**风**景旧曾谙（ān）。

日出江花红胜火，春来江水绿如蓝，能不忆江南?

【译文】江南真是好，江南的秀丽风景是那么熟悉。刚升起的太阳将江边的花照得比火还要红，春天到来，江水绿得胜过蓝草。怎能叫人不怀念这美丽的江南？

说一说加拼音成语的意思。

甘拜下风(gān bài xià fēng)❶→风吹草动(fēng chuī cǎo dòng)❷→动荡不安→

安如泰山→山河表里→里应外合→

合二为一(hé èr wéi yī)❸→一鸣惊人(yì míng jīng rén)❹→人才辈出→

出生入死→死不瞑目→目无一切(mù wú yí qiè)❺→

切中要害→害群之马(hài qún zhī mǎ)❻→马到成功(mǎ dào chéng gōng)❼

❶ 自认不如，对人真心佩服。

❷ 风稍一吹，草就摇晃。比喻轻微的变故。

❸ 把两者合为一个整体。

❹ 比喻平时默默无闻，突然有惊人的表现。

❺ 形容狂妄自大，谁都看不起。

❻ 危害马群的马。比喻危害集体的人。

❼ 战马一到阵前，即获成功。形容迅速取胜。

词语园

风

寒冷的风。比喻背地里散布的消极言论。
lěng fēng
冷风

春天的风。比喻和悦的神色。
chūn fēng
春风

地域内由山水、花草、树木、建筑物等形成的可供人观赏的景象。
fēng jǐng
风景

寒冷的风。
hán fēng
寒风

风景；景致。
fēng guāng
风光

猛烈的风。
kuáng fēng
狂风

风的力量。
fēng lì
风力

吹风。
guā fēng
刮风

fēng yǔ
风雨
风和雨。比喻艰难困苦。

轻微的风。
qīng fēng
轻风

fēng wèi
风味
事物的特色（多指地方色彩）。

轻微的风。
wēi fēng
微风

fēng sú
风俗
指社会上长期形成的风尚、礼节、习惯等。

学校的风气。
xiào fēng
校风

xué fēng
学风
指在治学、学习等方面的作风。

相传，北风与太阳为谁的威力大而争吵不休。它们看到路边的一个行人，于是决定，谁能使行人脱下衣服，谁就是胜利者。北风猛烈地刮了起来，行人紧紧地裹住自己的衣服，北风见到这种情况，刮得更加凶猛起来。行人冷得直哆嗦，便穿上了更多的衣服。

太阳不紧不慢，渐渐把温暖的阳光洒向行人，行人解开衣扣，脱掉了刚才穿上的衣服；太阳接着把强烈的阳光射向大地，行人开始汗如雨下，脱去了外套。最后，太阳取得了胜利。

这个寓言故事说明：温和往往比暴躁更有效。

六十八

叉形武器读作 gān
弯曲冒出声不变

gān

干

基本汉字中的第 68 个字

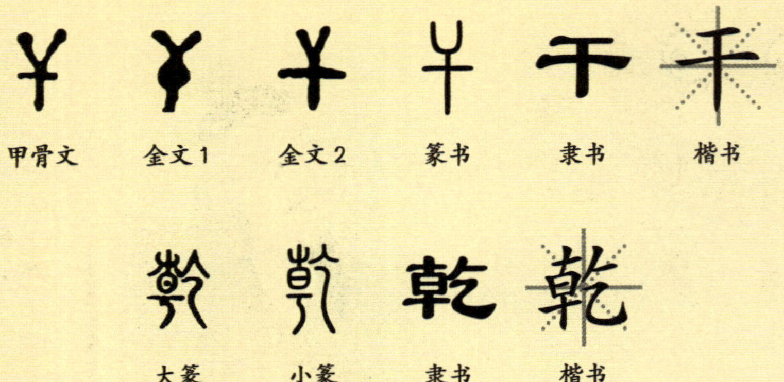

“干”和“乾”本来是不同的两个字，后来，“乾”简化为“干”。

干读作gān。干的甲骨文 Y 像一根上头带着叉子的捕猎工具、武器。本义是一种用于进攻的、形状像叉子的武器，如大动干戈。

过零丁洋

［宋］文天祥

辛苦遭逢起一经，干戈寥落四周星。
山河破碎风飘絮，身世浮沉雨打萍。
惶恐滩头说惶恐，零丁洋里叹零丁。
人生自古谁无死？留取丹心照汗青！

【译文】辛辛苦苦研读经书求功名，兵力缺乏辗转征战四年整。山河支离破碎如同风吹柳絮，自身沉浮难定如同雨打浮萍。惶恐滩头述说惶恐心情，零丁洋里慨叹伶仃（dīng）心声。自古人生谁能没有一死，留下赤子之心照得史册一片光明。

引申为触犯、冒犯，如干扰、干涉。如果冒犯了别人，就会关连、涉及人和事，如互不相干。

“阑干”也写作“栏杆”“栏干”，是用竹、木、砖石等制作而成，常常设在楼阁亭台或者水旁路边，起到一种遮拦的作用，如“斜阳却照阑干”（宋·晏殊《清平乐·金风细细》）、“倚遍栏干，只是无情绪”（宋·李清照《点绛唇·闺思》）。而“玉容寂寞泪阑干，梨花一枝春带雨”（唐·白居易《长恨歌》）中的“阑干”指的是（眼泪）纵横流下的样子。

乾像植物弯弯曲曲出土生长的样子，本义是冒出。因为地下潮湿湿润，植物一出土就比较干燥，从中引申出干燥，读作 gān，后简化为干，如干枯、干旱、口干舌燥。“干池塘里撒网——瞎张罗”是一句歇后语，说的是不切合实际的做法。“故园东望路漫漫，双袖龙钟泪不干”（唐·岑参《逢入京使》），描写了诗人已经离故园越来越远，回头望去，漫漫长路，思乡之情油然而生，不由得泪流满面，怎么也擦不干净，以至于把两支袖口都擦湿了。

干将(gān jiāng)和莫邪是一对夫妇，他们是春秋时期有名的铸剑师。有一天，楚王让他们铸造两把雌雄宝剑。干将和莫邪用了整整三年时间，才把宝剑铸好。干将担心楚王怪罪他们，就让莫邪把雄剑藏好，自己只带雌剑去见楚王。果不其然，楚王见了干将后大发雷霆（tíng），吼道：“寡人等了你三年，你才带来一把雌剑。拉出去，砍头！”干将死后不久，莫邪生下一个男孩。等男孩长大后，莫邪把雄剑交给他，让他为父亲报仇。于是，干将的儿子在侠客的帮助下，最终杀死了楚王。

六十九

房子建在台子上

基本汉字中的第 69 个字

高是一个象形字，读作 gāo。甲骨文 的上部像一座斜顶的房屋，下部像一个高台，中间部分像进出的门，本义是离地面远，从下向上的距离大，如高楼、天高云淡、高不可攀、“高射炮打蚊子——大材小用”。“居高声自远，非是藉秋风”（唐·虞世南《蝉》），“碧玉妆成一树高，万条垂下绿丝绦”（唐·贺知章《咏柳》），以上诗句中的“高”用的都是本义。

题西林壁

［宋］苏轼

横看成岭侧成峰，远近高低各不同。
不识庐山真面目，只缘身在此山中。

【译文】从正面看庐山是山岭，而从侧面看是山峰；从远处、近处、高处、低处看，庐山呈现不同的样子。之所以看不到庐山真正的面目，只因为自己身处在庐山之中。

【鉴赏】这是一首哲理诗，诗人根据自己在庐山游玩时对景色的独特感受，用通俗的语言把深刻的哲理表达得深入浅出，令人信服，引人深思。

前两句写诗人在山中游玩的真实感受：随着诗人在山间行走，观赏的立足点不停地变换，从“横”“侧”“远”“近”“高”“低”等不同的角度来看，庐山一会儿是连绵起伏的蜿蜒（wān yán）的山岭，一会儿是直插云霄的险峻山峰，真是千姿百态，变化多端呀！诗人一边走一边欣赏，时远时近，忽高忽低，写出了不同的观感，写出了入山者常有的体会。

后两句借景说理。通过自己游山的体会，诗人意识到自己认识局限的原因：不认识庐山的真正面貌，只因为身处在这座山中。这两句包含着深刻的哲理，告诫读者：看待问题时，要认识事物的真相与全貌，就要从整体去看；如果只从部分去看，是不全面的，得出的结论很可能是不正确的。

博士喵
赏古诗

词语园

高

tí gāo
提高
使位置、程度、水平、数量、质量等比原来高。

tiào gāo
跳高
离开地面向上弹跳。

gāo ào
高傲
自高自大，看不起人；极其骄傲。

shēn gāo
身高
身体的高度。

gāo dà
高大
又高又大。

gāo sù
高速
速度高的。

gāo shàng
高尚
道德水平高。

gāo xìng
高兴
心情愉快而兴奋。

gāo kōng
高空
离地面较高的空间。

gāo yuán
高原
海拔较高、地形起伏较小的大片平地。

gāo jí
高级
达到一定高度的。

一点一横长，口字在中央。
大口张着嘴，小口里面藏。

谜底：高

由石（）头堆砌而成的城（）墙，高（）大（）坚固（）。上面有士（）兵（）守（ 金文）卫（）着。他们手（）持长长的戈（）矛（），防（）止（）敌人来攻城。

石
城
防
大
固
士
兵
守
卫
手
戈
矛
止
高
汉字画
高高的城墙

“高山流水”是一个成语故事。战国时期，有个著名的琴师叫伯牙。伯牙琴技高超，相传他鼓琴的时候，就连正在吃草的马儿都停止进食，仰头聆听。然而，世上却很少有人能够真正听懂伯牙琴音中的妙义。有一次，伯牙正在抚琴，樵（qiáo）夫钟子期却在旁边静静地聆听。伯牙演奏了一首高山之曲，钟子期赞叹道：“好啊，巍峨如同泰山。”伯牙又弹了一首流水之曲，子期则说：“好啊，浩荡如同江河。”伯牙大喜，认为终于遇到了懂得自己琴音的人，于是与子期结为莫逆之交。钟子期死后，伯牙在钟子期的坟前把琴摔碎，终身不再鼓琴。

后用“高山流水”指知音难得。

七十

二“可”张二口是哥

gē

哥

基本汉字中的第 70 个字

哥读作gē，由两个“可”组成。因为两个“可”有两个“口”，所以，用哥来表示歌声，本义指歌唱。现在本义已经很少使用，这个意义后来写作“歌”。

哥用来假借指兄长，同父母而比自己年龄大的男子，如大哥、亲哥。“子孝亲兮弟敬哥，丈夫休听室人唉”〔宋·邵雍（yōng）《训世孝弟诗十首》其十〕，意思是说，儿子要孝敬双亲，弟弟要尊敬哥哥，做丈夫的不要听妻子的闲言碎语。

后用来尊称比自己大的男子，如张大哥、李大哥、“或道哥哥行不得，家贫归去更无衣”（宋·曾丰《禽言》）。也可以昵称跟自己差不多大的男子，如哥们儿真够意思。“苏哥风味逼天真，恐是文君向上人”（宋·晏殊《吊苏哥》），其中的“苏哥”指和作者年龄相仿的男子。

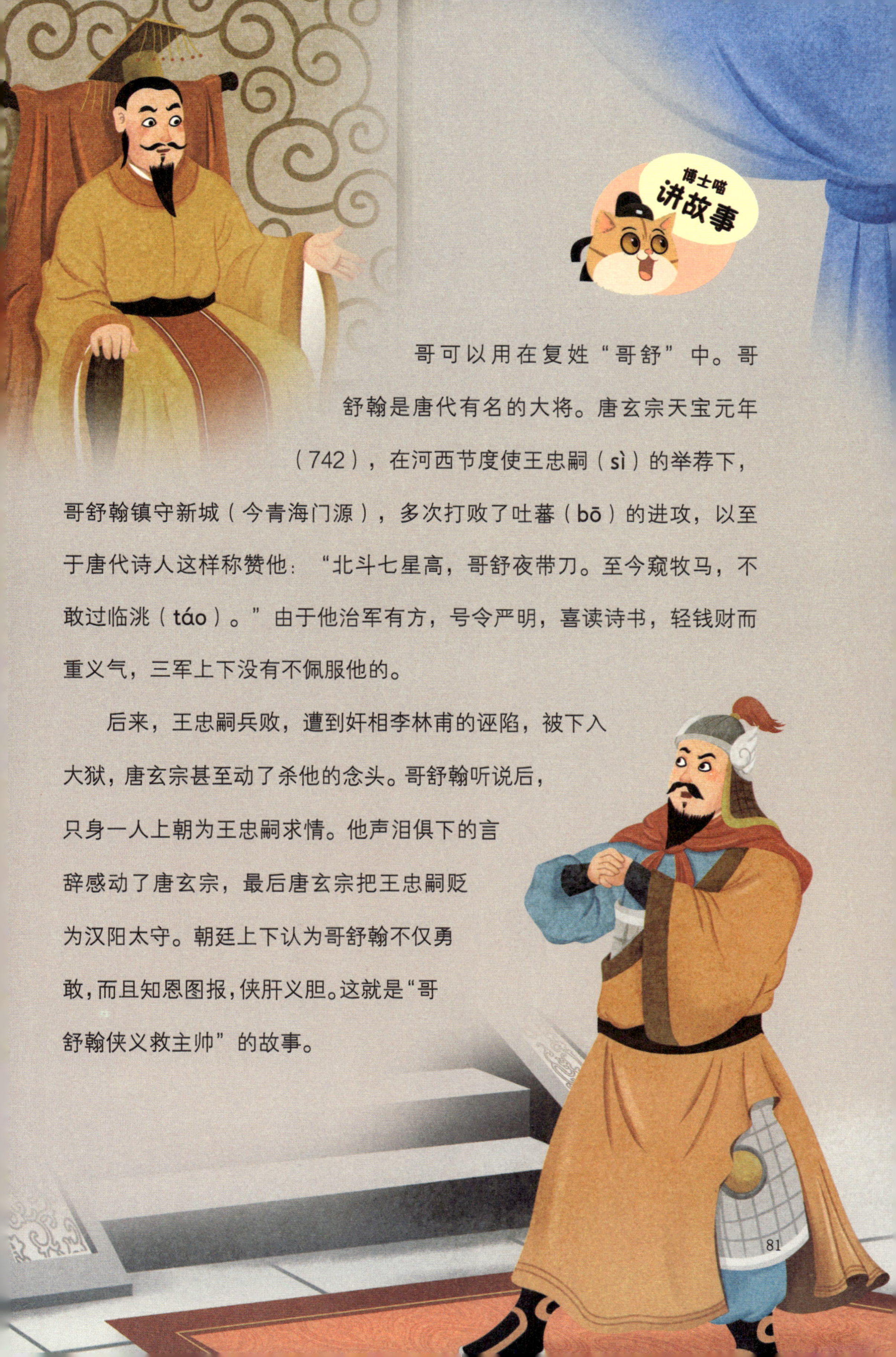

哥可以用在复姓“哥舒”中。哥舒翰是唐代有名的大将。唐玄宗天宝元年（742），在河西节度使王忠嗣（sì）的举荐下，哥舒翰镇守新城（今青海门源），多次打败了吐蕃（bō）的进攻，以至于唐代诗人这样称赞他：“北斗七星高，哥舒夜带刀。至今窥牧马，不敢过临洮（táo）。”由于他治军有方，号令严明，喜读诗书，轻钱财而重义气，三军上下没有不佩服他的。

后来，王忠嗣兵败，遭到奸相李林甫的诬陷，被下入大狱，唐玄宗甚至动了杀他的念头。哥舒翰听说后，只身一人上朝为王忠嗣求情。他声泪俱下的言辞感动了唐玄宗，最后唐玄宗把王忠嗣贬为汉阳太守。朝廷上下认为哥舒翰不仅勇敢，而且知恩图报，侠肝义胆。这就是“哥舒翰侠义救主帅”的故事。

七十一

一根竹子站得直

gè

基本汉字中的第 71 个字

竹简　小篆 1　小篆 2　隶书　楷书

个读作 gè。竹简 像一根倒竖的竹叶的形状。本义指竹子的量，如竹竿万个。后来为了突出竹子的形状，小篆写作“ ，引申指长条形东西的量。

個是一个形声字，指单独的人或物。引申用作量词，如一個人、三個苹果。“两個黄鹂鸣翠柳，一行白鹭上青天”（唐·杜甫《绝句》），“七八個星天外，两三点雨山前”（宋·辛弃疾《西江月·夜行黄沙道中》），以上诗句中的“個”都当量词讲。

后来把“箇”“個”简化为“个”，《通用规范汉字表》把“箇”定为异体字。既可以表示人的量，也可以表示物的量，如两个人。

把○中的字填上，并说一说加拼音成语的意思。

○个击破→破旧立○（pò jiù lì xīn ❶）→新○旧○→

恨之入骨（hèn zhī rù gǔ ❷）→○肉至亲→○力亲为→

为富不○→仁者○敌→敌○我○（dí zhòng wǒ guǎ ❸）→

寡○鲜○→闻○起舞（wén jī qǐ wǔ ❹）→舞文弄墨（wǔ wén nòng mò ❺）→

墨守成规（mò shǒu chéng guī ❻）→规行矩○→步步为营（bù bù wéi yíng ❼）

❶ 破除旧的，建立新的。

❷ 恨到骨子里去了。形容非常痛恨。

❸ 敌方人数多，我方人数少。形容双方对峙，众寡悬殊。

❹ 指有志向的人勤勉奋发。

❺ 舞、弄：玩弄。玩弄文字技巧。

❻ 指因循守旧，不肯变通。

❼ 比喻做事谨慎小心、求稳。

答案：各、新、仇、恨、骨、亲、仁、无、众、寡、见、闻、鸡、步

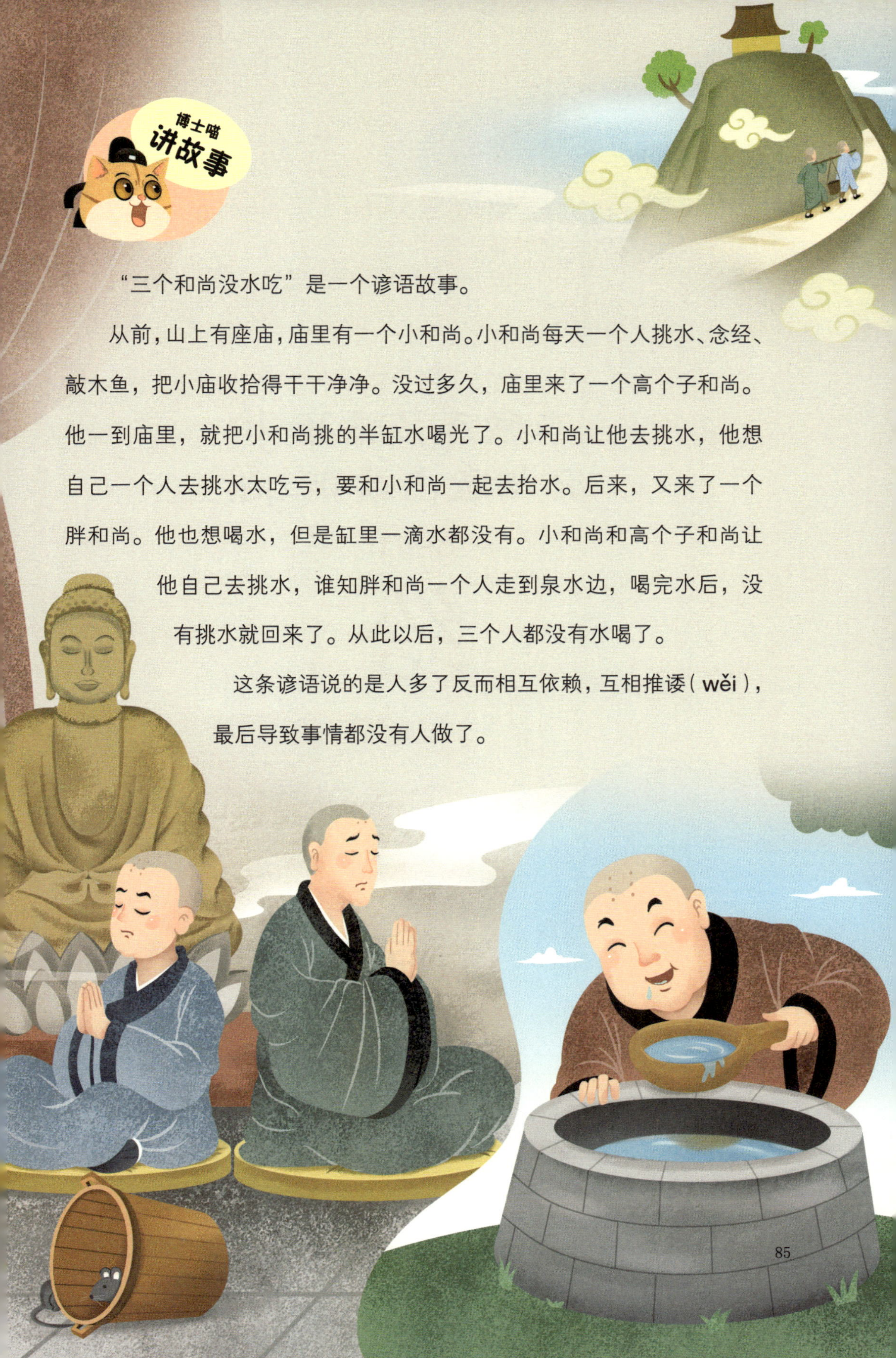

“三个和尚没水吃”是一个谚语故事。

从前，山上有座庙，庙里有一个小和尚。小和尚每天一个人挑水、念经、敲木鱼，把小庙收拾得干干净净。没过多久，庙里来了一个高个子和尚。他一到庙里，就把小和尚挑的半缸水喝光了。小和尚让他去挑水，他想自己一个人去挑水太吃亏，要和小和尚一起去抬水。后来，又来了一个胖和尚。他也想喝水，但是缸里一滴水都没有。小和尚和高个子和尚让他自己去挑水，谁知胖和尚一个人走到泉水边，喝完水后，没有挑水就回来了。从此以后，三个人都没有水喝了。

这条谚语说的是人多了反而相互依赖，互相推诿（wěi），最后导致事情都没有人做了。

七十二

衣食丰足读作 jǐ
交与送出读作 gěi

gěi/jǐ

给

基本汉字中的第 72 个字

給

篆书

給

隶书

楷书

给读作 jǐ，繁体写作給。本义是衣食丰足、充裕。

给用作动词，引申为供应，使东西充足，如供给、自给自足。也可以用于上级赐予下级，如给予补助、配给生活用品。“年少多才，给予翰林清俸”（近现代·张克家《玉漏迟·题吴梅村集》），说的是吴梅村年轻时就有才气，给他按照翰林的级别发薪水。

给可以泛指交付、送与，这个意义读作gěi，如交给、把水果给妈妈吃。“最后稍为郎，给钱十万令还乡”（明·王世贞《东武吟》），“给钱”就是送与金钱的意思。

给用作介词，读作gěi，因为把东西交给某人是一方对另一方的动作，所以给可以表示方向，相当于朝、对、向，如同学们给老师行礼，我给爷爷、奶奶拜年。“无奈满腔愁绪，给它秋云阅”（当代·范诗银《琵琶仙·红双叶》），意思是把满腔的愁绪对秋天的云诉说。

说一说加拼音成语的意思。

zì jǐ zì zú ❶
自给自足→足衣足食→食不念饱→

rì lǐ wàn jī ❷ jī bù kě shī ❸
饱食终日→日理万机→机不可失→

zhù rén wéi lè ❹
失道寡助→助人为乐→乐天知命→

命在旦夕→夕阳西下→下笔如神→

yáng méi tǔ qì ❺ qì xiàng wàn qiān ❻
神采飞扬→扬眉吐气→气象万千→

qiān xīn wàn kǔ ❼
千辛万苦→苦不堪言→言谈举止

❶ 依靠自己的生产，满足自己的需要。
❷ 指每天处理繁多的政务。
❸ 时机难得，不可错过。
❹ 把帮助别人作为乐事。
❺ 形容心情畅快的样子。
❻ 形容景象或事物壮丽而多变化。
❼ 形容非常辛苦。

你要先把这壶水灌到吸水器中，然后才能打到水。但是，在你走之前一定要把水壶装满。

从前，有一个人在沙漠中迷了路，饥渴难耐，最后来到了一间废弃的小屋。在屋子旁边，他发现了一个吸水器，于是便用力抽水，可是一滴水都没有出来。正当他非常沮丧的时候，忽然发现旁边有一个水壶，壶口被木塞塞住，壶上贴有一张纸条，上面写着："你要先把这壶水灌到吸水器中，然后才能打到水。但是，在你走之前一定要把水壶装满。"他小心翼翼地打开壶塞，里面果然有水……他纠结了一阵，终于按照纸条上所说的，把水倒进吸水器中，结果一股清泉流了出来。他痛快地喝了个够，把水壶装满水，塞（sāi）上塞子，在纸条上的后面加了下面这句话："请相信我，纸条上的话是真的。"

这个故事说明：只有给（jǐ）予，才能得到你所想要的。

博士喵讲故事

七十三

出手做事要改变

gēng/gèng

基本汉字中的第 73 个字

甲骨文

金文

篆书

隶书

楷书

更是一个形声字，读作 gēng，甲骨文 像一个人手拿擀（gǎn）面杖在不停地翻动锅里的饼，本义为翻饼，后泛指改变，如更改、万象更新。引申为替换，如更换、更替。

更也可以作为夜间计时的单位，古人把一夜分为五更，每更大约两小时，如更鼓、半夜三更。“子规啼彻四更时，起视蚕稠怕叶稀”（宋·谢枋得《蚕妇吟》），生动地描写了蚕妇的辛苦，她担心蚕儿吃不饱，长不大，所以四更时分，还得起床给蚕儿添加桑叶。

因为更改有重复的意思，所以更可以用作副词，当再、又使用，这个意义读作 gèng，如“劝君更尽一杯酒，西出阳关无故人”（唐·王维《送元二使安西》），今天这个意义已经不再使用了，但从中产生了一个表示程度加深的用法，如更加、更好。“近乡情更怯，不敢问来人”（唐·宋之问《渡汉江》），形象地描绘出久别故乡的诗人返回家园时，内心五味杂陈和既想赶快回家又怕见到家乡人的复杂心情。

登鹳雀楼

［唐］王之涣

白日依山尽，黄河入海流。

欲穷千里目，更上一层楼。

【作者】王之涣，字季凌，盛唐著名的边塞（sài）诗人。他少有侠气，为人豪放不羁（jī），与著名诗人高适、王昌龄交往唱和（hè），三人齐名。他的诗以描写边疆风光著称，其中《凉州词》和《登鹳雀楼》最为有名。

【译文】夕阳依傍着连绵不绝的群山慢慢地落下，滚滚的黄河水日夜不停地向大海奔流。要想看到更加遥远的景色，就得再登上一层高楼。

【鉴赏】这首诗写诗人登上鹳雀楼登高望远时所见到的景象以及诗人的感受，表现了诗人开阔的胸襟，从侧面反映了盛唐时期人们积极向上的乐观进取精神。

前两句写诗人登上鹳雀楼所见到的景象：远处，一轮落日慢慢地向群山背后落下；近处，黄河水经过鹳雀楼后向东奔流入海。一开始，诗人就从远处望到近处，从天空望到脚下，从西面黄河的上游望到东面河流入海处。两句诗里的群山、落日、黄河、大海，显示了宁静与生动的自然之美。后两句写诗人登楼观景后的感受。这两句含有两层意思：从现实来说，想要看得更远，就必须“更上一层楼”；从理想来说，要达到更高的目标，就必须付出更大的努力。

博士喵赏古诗

“更（gēng）衣”这个词，现在指的是换衣服。在过去，更衣的意思却与现在的意思大不相同，是上厕所的委婉说法。

说一说加拼音成语的意思。

自力更生（zì lì gēng shēng）❶→生龙活虎（shēng lóng huó hǔ）❷→虎头蛇尾（hǔ tóu shé wěi）❸→尾大不掉→掉以轻心（diào yǐ qīng xīn）❹→心想事成→成千上万（chéng qiān shàng wàn）❺→万紫千红→红光满面→面红耳赤（miàn hóng ěr chì）❻→赤地千里→里应外合→合二为一（hé èr wéi yī）❼→一叶知秋→秋高气爽（qiū gāo qì shuǎng）❽

❶ 依靠自身的力量，重新获得生机。
❷ 形容充满活力。
❸ 比喻做事前紧后松，有始无终。
❹ 指对某事物采取轻率、不重视的态度。
❺ 形容数量非常大。
❻ 脸和耳朵都红了。
❼ 把两者合为一个整体。
❽ 指秋天的天空晴朗明净，气候凉爽宜人。

博士喵
讲故事

“变更（gēng）”这个词与战国时的名医扁鹊有关。

有一天，扁鹊听说虢国太子昏迷了好几天，就要埋葬了。于是扁鹊带着弟子来到虢（guō）国，询问太子的病情后，说他能够医治太子，其他人都不相信。扁鹊让徒弟磨好银针，亲自给太子针灸。不一会儿，太子果然醒了过来；扁鹊再让徒弟备好药袋，给太子热敷肋骨，太子很快就能够坐起来了；扁鹊又让太子服下汤药，没用多久，太子就痊愈了。从此，人们纷纷议论说，扁鹊能够变更，使人起死回生。

“变更”指扁鹊能够使人起死回生，后用作改变的意思。